ALPHABET DE LA POUPÉE.

ALPHABET

DE LA

POUPÉE

PARIS. — THÉODORE LEFÈVRE ET Cie, ÉDITEURS

LETTRES MAJUSCULES

A   B   C

D   E   F

G   H   I

J   K   L

M N O

P Q R

S T U

VX YZ

LETTRES MINUSCULES

a b c d e f
g h i j k l
m n o p q r
s t u v x y z

LETTRES ITALIQUES

a b c d e f g h
i j k l m n o p
q r s t u v x y z

LETTRES ANGLAISES MAJUSCULES ET MINUSCULES

A B C D E F

a b c d e f

G H I J K L

g h i j k l

M N O P Q R

m n o p q r

S T U V W X

s t u v w x

Y y Z z

A a

Ar-moi-re

B b

Ber-ceau

C c

Cha-peau

1.

D d

Dé-pit

E e

É-ven-tail

F f

Fi-chu

G g

Gâ–teau

H h

Ho–chet

I i

Indiscrète

J j

Ju–pon

K k

Ki-os-que

L l

La-veu-se

M m

Man-chon

N n

Nourrice

O o

Ombrelle

P p
Por–trait

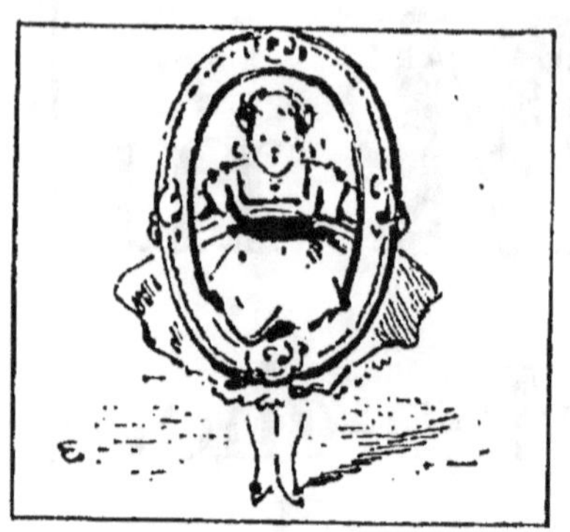

Q q
Que-rel-le

R r
Ro–be

S s
Sou–liers

T t
Tabouret

U u
Uniforme

V v

Voi-le

Z z

Zou-a-ve

SYLLABES DE DEUX LETTRES

a	e	i	o	u
ba	be	bi	bo	bu
ca	ce	ci	co	cu
da	de	di	do	du
fa	fe	fi	fo	fu
ga	ge	gi	go	gu
ha	he	hi	ho	hu
ja	je	ji	jo	ju
ka	ke	ki	ko	ku
la	le	li	lo	lu
ma	me	mi	mo	mu
na	ne	ni	no	nu
pa	pe	pi	po	pu

qua   que   qui   quo

ra   re   ri   ro   ru

sa   se   si   so   su

ta   te   ti   to   tu

va   ve   vi   vo   vu

xa   xe   xi   xo   xu

ya   ye   yi   yo   yu

za   ze   zi   zo   zu

MOTS DE DEUX SYLLABES

ro-be   **ro-se**

du-pe	ca-le	lo-to
ki-lo	lu-ne	râ-pe
lo-ge	pi-pe	pâ-té
bo-bo	ri-re	ca-ge
rô-ti	ca-fé	do-ge
ru-se	li-me	fê-te

MOTS DE TROIS SYLLABES

vi-pè-re	sa-la-de
ti-ra-ge	pi-lu-le
ra-ci-ne	ca-ra-fe
ce-ri-se	na-tu-re
na-vi-re	ha-bi-le
gi-ra-fe	pa-ra-de
fi-dè-le	ra-pi-de

ca-ba-ne

EXERCICES

Le ci-ga-re de pa-pa. La pe-lo-te de ma mè-re. É-mi-le a lu sa pa-ge. Le do-mi-ci-le du ju-ge. Le ma-la-de se-ra sa-ge. La ju-pe de ma mè-re. Re-né a sa-li la ca-ge. Cé-li-ne a é-té ma-la-de.

SYLLABES

ac   ec   ic   oc   uc

ad   ed   id   od   ud

af   ef   if   of   uf

ap   op   ip   up

es   is   os   us

id   al   or

os   ar

us   ur

ed   el   ir   it   ad

ic   ec   oc   ad   id

od   es   is   os   or

SYLLABES DE TROIS LETTRES

bac	bal	baf	bor
bar	bef	lap	lec
lif	loc	sel	tar
tac	nif	nor	sac
vol	bof	pic	des
tal	tuf	taf	tir
cir	bur	tue	lus
nir	vir	soc	suc
don	suc	mir	vor

EXERCICES

ki-os-que	gla-ce
ma-la-de	ré-col-te
dis-pu-te	ga-let-te
par-ta-ge	dî-net-te
for-tu-ne	pa-ro-le
se-mel-le	jus-ti-ce
lec-tu-re	ti-ret-te

Sau-tez à la cor-de.

Il a per-du le ca-nif.

La bon-ne ré-col-te.

É-mi-le a é-té sa-ge.

Il ren-ver-se le vin.

2

eu	beu	jeu	feu
ou	bou	jou	fou
in	bin	lin	tin
en	ben	pen	ren
on	bon	son	ton
ei	bei	fei	lei
oi	toi	roi	soi
un	bun	tun	jun
ai	bai	lai	fai
au	lau	sau	vau
an	lan	san	van
eur	peur	leur	deur

cha-peaux

noir-ceur	lai-deur
pou-lain	im-pair
cou-teau	bon-jour
mi-roir	la-bour
bou-ton	ma-noir
fai-san	sau-toir
four-be	ca-ra-fon

DIPHTHONGUES

ia   tia
ié   vié
io   lio
iar   nié
ion   nour-ri-ce   lié

via   pié   vien   tien
bla   ble   fri   fro
gra   gro   pli   plu
tra   tre   cla   clo
cra   vre   dra   dru
cha   che   chi   cho

ber-ceau   é-ven-tail

a-mi-tié   vio-let-te

oi-seau   che-min

or-gueil   mail-let

pé-rio-de   en-tiè-re

cha-ri-té   ar-riè-re

é-toi-le   che-mi-se

a-mi-tié   pen-sion

SIGNES D'ACCENTUATION

Les accents sont des signes destinés à indiquer la prononciation qu'on doit donner à différentes lettres.

Il y a trois sortes d'accents : Accent aigu ′, Accent grave ‵, Accent circonflexe ^.

L'accent aigu (′) se met sur les *e* fermés : *Été, répété, vérité.*

L'accent grave (‵) se met sur les *e* ouverts: *Père, mère, frère.*

L'accent circonflexe (^) se met sur les voyelles longues : *Pâte, tête, même.*

Je me suis bien a-mu-sée
à dan-ser a-vec tou-tes mes
pe-ti-tes a-mies.

J'ai bien ré-ci-té ma fa-ble
et ma-man m'a don-né u-ne
i-ma-ge pour me ré-com-pen-
ser.

La lan-ter-ne de ma tan-te
a é-té per-due hier par ma
pe-ti-te cou-si-ne, en re-ve-
nant de chez Ma-rie.

Un jour qu'il fai-sait bien beau, la pe-ti-te Loui-se dit à sa ma-man : — Veux-tu que j'ail-le me pro-me-ner a-vec Ge-ne-viè-ve ?

.— Oui, je le veux bien, mais avant il faut d'a-bord li-re ta le-çon; viens t'as-seoir sur ce pe-tit ta-bou-ret.

Ma-man, voi-là qu'il pleut, je ne pour-rai pas sortir : c'est bien en-nuy-eux; il va fal-loir res-ter à la mai-son.

— Ne te dé-so-le pas; com-me tu as bien lu, je vais te don-ner la bel-le pou-pée que ta mar-rai-ne t'a ap-por-tée le jour qu'el-le est ve-nue te voir.

— Oh ! mer-ci, ma-man, je vais bien m'a-mu-ser; je lui nat-te-rai les che-veux et lui met-trai sa bel-le ro-be.

HISTOIRE

D'UNE

POUPÉE

— Bonjour, ma chère Louise, disait une charmante petite fille de cinq ans.

— Embrasse-moi, Caroline,

répondit une autre petite fille, je suis contente de te voir.

— J'ai apporté le ménage que ma tante m'a donné, nous ferons la dînette pour le baptême.

— Oui, mais avant il faut que je lève ma fille, répliqua Louise en s'approchant d'un berceau entouré de rideaux brodés.

Les deux enfants regardèrent avec admiration un jolie pou-

pée. Elle avait des cheveux blonds frisés, de beaux yeux bleus. Ses joues étaient roses et blanches.

— Il est tard, il faut te lever, dit Louise en prenant la poupée.

— Maman! répondit celle-ci.

— Tiens, voici ses bas et ses souliers, Louise.

— Bien, donne-moi son jupon à présent.

— Lequel? j'en vois un qui est brodé et un autre qui a des volants.

— Je lui mettrai le brodé.

— Maintenant passe-moi sa robe de soie rose. Regarde comme ma fille est belle avec cette jolie toilette.

— C'est vrai, mais tu as oublié de la coiffer, et tu vas salir sa robe.

— Oh! comment faire?

— Enveloppe-la dans un peignoir de batiste.

— Aïe! aïe! cria la poupée.

— Que vous êtes insupportable! aussitôt que je vous touche les cheveux, vous criez.

Tenez-vous tranquille, ou je ne pourrai jamais vous faire vos papillotes.

Mais la poupée glissait entre les genoux de la maman.

Louise impatientée la serra fortement, et quand elle retira

le peignoir, la jolie robe rose
était toute chiffonnée.

Louise fut bien triste en
voyant le résultat de sa colère.
Mais Caroline la consola avec
bonté, et elles portèrent la
poupée derrière un paravent.

Au même instant, sept à huit
autres amies de Louise entrè-
rent dans la chambre.

— Nous venons pour le baptême de ta fille, dirent-elles tou-
tes à la fois. Où donc est-elle ?

— Attendez-moi un peu.

Et Louise alla chercher sa

poupée ; elle la présenta avec orgueil à ses amies.

— Salue ces demoiselles, ma chère petite, il faut toujours être polie.

— Elle est charmante ! s'écriat-on de tous les côtés.

— C'est malheureux que sa robe soit déjà toute gâtée, dit une voix.

A ces mots, Louise rougit beaucoup.

— Comment appellerons-nous cette poupée? demanda Caroline.

Les enfants s'assirent, et après plusieurs avis le nom de Marie fut adopté.

— Chère petite, remercie mes amies pour le nom qu'elles t'ont choisi.

La poupée s'inclina avec grâce devant la société.

Caroline proposa alors de mettre le couvert pour faire le repas du baptême.

On vit bientôt une jolie table d'acajou. Toutes les compagnes de Louise s'empressèrent de la

couvrir avec des assiettes de por-
celaine blanche ornée de fleurs,

de petites fourchettes en argent,
de verres de cristal, de cuillers
et de couteaux avec des man-
ches de nacre.

Les gâteaux, les crèmes, les

fruits et les bonbons réjouis-

saient la vue des enfants ; aussi
le déjeuner fut-il très-bruyant,
car une vive gaieté l'animait, et
les amies de Louise la quittèrent enchantées de leur journée.

Quand Louise se trouva seule
avec sa poupée, elle lui parla
ainsi :

— Marie, je ne suis pas contente de toi.

Tu as été très-gourmande, tu
as mangé beaucoup de gâteaux
et de dragées. Une petite fille
bien élevée ne doit rien prendre avant que sa maman le lui
permette.

J'espère qu'une autre fois tu
seras plus sobre.

Réponds-moi.

Comment ! vous jouez avec le perroquet quand votre maman vous fait une observation ! vous êtes très-impertinente, mademoiselle : allez en pénitence.

Et la poupée fut mise dans un coin.

Le lendemain matin, Louise assit sa poupée dans un fauteuil, prit un livre et dit :

— Tu as eu le temps d'ap-

prendre ta fable, répète-la-moi;
si je suis contente nous irons
promener

— C'est très-bien, dit la petite maman un instant après.

Je vais te mettre ton chapeau

et nous rendrons une visite à
mon amie Caroline.

Cette visite t'ennuie, et tu
préférerais jouer avec le chien,
dis-tu?

Apprenez, mademoiselle, que
les enfants doivent toujours être

contents de sortir avec leur maman; ainsi ne faites plus d'observations, et quittez, je vous prie, cet air maussade.

La mère et la fille arrivèrent

bientôt chez Caroline, qui, aussitôt qu'elle les vit, courut chercher un joli polichinelle pour Marie.

— J'ai une voiture traînée par deux chèvres; veux-tu venir promener dedans? proposa Caroline.

— Avec grand plaisir.

3.

Les deux amies et la poupée prirent place dans une charmante

calèche découverte, et la promenade commença.

Malgré les prières de Caroline, Louise ramassa une branche d'épines, et en frappa les chèvres. Ces pauvres bêtes ainsi maltraitées quittèrent le chemin, allèrent sur le gazon et s'embarrassèrent les jambes dans un tuyau qui était pour arroser; elles renversèrent la voiture.

Aux cris des enfants, le jardinier accourut.

Il retira de dessous la voiture, les deux petites qui, étant heu-

reusement tombées sur l'herbe, n'avaient pas été blessées.

Mais il n'en fut pas de même de la pauvre poupée : dans sa chute, elle avait rencontré un caillou, et elle s'était fait une blessure à la tête.

Le fils du jardinier tressa

quelques branches, en fit une civière, et, aidé de son petit

frère, ils portèrent doucement Marie jusque chez elle.

Ce triste cortége fut reçu par les habitants de la maison venus

au-devant de la blessée, et, avec

beaucoup de précaution, Marie fut mise au lit.

On alla chercher le médecin.

Après avoir examiné la malade, il hocha la tête d'un air sinistre et dit :

— Le cas est très-grave, il faut un repos absolu, le moindre bruit serait très-mauvais pour la malade. Donnez-moi des bandes que j'entoure la tête de la blessée. Aussitôt qu'il eut fait un habile pansement, il se retira accompagnée de Louise.

Le docteur s'assit devant un bureau, écrivit son ordonnance, et lorsqu'il eut fini, il présenta le papier à Louise en disant :

— Si vous donnez avec soin

les remèdes que j'ai prescrits, votre fille sera rétablie dans peu de temps.

Ces paroles rendirent Louise très-joyeuse; elles la consolèrent un peu, et elle se promit bien de ne plus être méchante pour les animaux.

La convalescence de la poupée ne fut pas longue, et la maman décida qu'elle donnerait une fête pour célébrer le rétablissement de sa fille.

Elle envoya donc les invitations suivantes :

« Mademoiselle Louise Bernard a l'honneur de vous inviter à venir au bal qu'elle donnera le 15 juin 18...

« On se réunira à 1 heure de l'après-midi. »

Le matin de ce beau jour arriva. Louise, avec la permission de sa mère, avait choisi pour l'endroit où elle devait recevoir ses petites amies, un salon de verdure, bien ombragé par de grands arbres afin que le soleil ne pût incommoder ses invitées.

— Tu n'as pas encore assisté

à un bal, Marie? dit Louise à sa poupée.

— Non, maman.

— Il faut donc que tu suives exactement mes conseils.

— Oui, maman.

— Tu salueras bien gentiment chacune des invitées. Tu auras la même politesse pour celles qui ne seront pas aussi élégamment mises que pour les autres.

— Oui, maman.

— Tu te tiendras bien droite, et surtout tu ne mettras pas tes doigts dans ta bouche, comme tu as la mauvaise habitude de le faire.

— Oui, maman.

— Enfin tu prendras garde de ne pas abîmer ta robe.

— Oui, maman, je serai bien sage.

— Maintenant je vais t'habiller.

Quand la poupée fit son entrée dans le salon, ce fut un cri

d'admiration qui l'accueillit, tant elle était jolie avec sa robe de gaze d'argent et sa guirlande de bluets placée sur ses boucles blondes.

Aussitôt l'arrivée de Marie,

les rondes commencèrent, et des voix joyeuses répétèrent les refrains de :

La tour, prends garde, de *Nous*

n'irons plus aux bois, de *Mon beau château,* etc.

Lorsque les petites filles furent lasses de la danse, elles organisèrent une partie de *cache-cache.*

Louise, dans l'ardeur du jeu, se fatigua bientôt de tenir sa poupée dans ses bras, et au lieu de la serrer, elle l'abandonna sur le gazon.

Pauvre poupée! quel fut son effroi en voyant venir à elle le gros Minet.

Ce chat, autrefois le favori de Louise, ne pardonnait pas à la

poupée de lui avoir ravi la tendresse de sa petite maîtresse.

Il s'était promis de saisir une occasion pour se venger.

Il s'approcha donc bien doucement; et quand il fut près de

Marie, il lui tira les cheveux avec ses griffes.

La malheureuse poupée eut beau crier : *Maman! maman!* — Louise ne l'entendit pas; elle était entraînée par l'ardeur du jeu, et elle avait tout à fait oublié sa fille.

Cependant du secours allait arriver à Marie.

Diane, une jeune chienne de chasse, accourut à ses cris; et

comme elle était l'ennemie de *Minet*, elle saisit la robe de Marie et commença à la tirer à elle.

Minet se mit à jurer sans lâcher les cheveux ; Diane en fit autant de la robe, et la pauvre poupée, tirée par l'un, tirée par l'autre, vit bientôt ses cheveux rester dans les pattes du méchant chat, et sa robe dans la gueule du chien.

Quand Louise revint, et qu'elle trouva la poupée dans ce triste état, elle se mit à pleurer.

Madame Bernard sa mère lui dit :

— Je te recommande toujours de ranger tes joujoux, tu ne l'as pas fait ; aussi pour te punir de

ton manque de soin, je ne te

ferai pas réparer ta poupée avant quinze jours.

Louise, au lieu de reconnaître qu'elle avait eu tort, accusa le chat ; et toute en colère, la première fois que cette bête vint pour la caresser, elle lui donna un coup de pied.

Madame Bernard, témoin de cette méchante action, doubla la punition de Louise, et ce ne fut

qu'un mois après que la petite

fille rentra en possession de son joujou.

Dans le même temps, deux de ses cousins vinrent passer les vacances chez madame Bernard.

Louise fut d'abord très-heureuse de cette nouvelle société.

Malheureusement elle était très-volontaire ; et comme elle voulait que tout le monde obéît à ses caprices, elle se plaignait toujours de ses cousins, et les faisait continuellement gronder.

Impatientés, ils résolurent de se venger du mauvais caractère de leur cousine.

Il y avait une escarpolette dans le jardin.

Un jour, ils s'emparèrent de la poupée, la lièrent solidement

sur la planchette, puis ils se mirent à la balancer de toute leur force.

Dans ce mouvement de va-et-vient, la pauvre Marie se trouvait tantôt dessus la planchette, tantôt dessous.

A cette vue, Louise poussa des cris perçants; elle trépigna des pieds et se mit dans une violente colère.

Ses cousins impitoyables faisaient toujours voler la poupée dans les airs.

Cependant ils finirent par la lui rendre, et Louise reconnut qu'une petite fille doit toujours être aimable pour les autres, si elle veut qu'on le soit pour elle. Aussi dit-elle à Marie :

— Vois-tu, ma chère petite, il faut toujours être complaisante pour tes cousins. Ne te fais jamais gronder.

— Non, maman.

— Tu me promets de bien suivre mes conseils?

— Oui, maman.

— C'est très-bien ; reste tran-

quille pendant que je vais étudier mon piano.

Prends ton dé, ton aiguille, ton fil, et fais un ourlet à ce mouchoir.

— Montre-moi si tu as bien travaillé pendant mon absence,

dit Louise en revenant vers sa poupée.

— O la paresseuse ! Qu'a-

vez-vous donc fait depuis une heure ?

Vous avez regardé par la fenêtre. Fi la vilaine petite fille !

Pour vous apprendre à être plus sage une autre fois, vous ne mangerez pas de dessert à votre dîner.

Le soir Louise causait de nouveau avec sa poupée.

— Écoute, Marie, maintenant que je t'ai pardonné ta faute, tu

vas venir avec moi dans la cuisine.

Grand'maman ne le saura pas, et nous verrons ce que ma bonne cache dans la corbeille qu'elle a mise sur une planche.

Louise entra dans la cuisine, malgré la défense de sa mère, monta sur une table.

Puis elle se leva sur la pointe des pieds, pour regarder dans la corbeille.

Mais elle perdit l'équilibre,

eut peur et, pour se retenir, elle lâcha la poupée.

4.

Celle-ci rebondit sur une casserole et fut lancée par la fenêtre au milieu d'une mare qui était dans la cour.

Les canards, dérangés au milieu de leurs amusements, pous-

sèrent des formidables *couin !* *couin !* et la fille de basse-cour, arrivant à leurs cris, retira la poupée.

Mais cette fois la curiosité de Louise fut cause qu'elle était tout à fait perdue.

Car la poupée s'était brisé les bras et les jambes. La peinture qui ornait la figure était partie dans l'eau, et elle avait les yeux crevés.

Ainsi finit l'une des plus char- mantes poupées, et cette cata-

strophe arriva par la faute d'une petite fille curieuse et désobéis- sante.

CHIFFRES ROMAINS

I	II	III	IV	V
Un.	Deux.	Trois.	Quatre.	Cinq.

VI	VII	VIII	IX	X
Six.	Sept.	Huit.	Neuf.	Dix.

L	C	D	M
Cinquante.	Cent.	Cinq cents.	Mille.

CHIFFRES ARABES

1   2   3   4   5   6   7   8   9   0

Quinze..	15	XV
Trente-trois. . . ,	33	XXXIII
Cent dix-sept., , .	117	CXVII
Cinq cent-six. . . .	506	DVI
Mille vingt-trois. .	1,023	MXXIII

Nous avons cinq sens qui nous servent à voir et à sentir tout ce qui nous entoure. Ce sont :

La Vue, — l'Ouïe, — l'Odorat, — le Goût, — et le Toucher.

L'œil est l'organe de la *vue* et nous sert à voir.

L'oreille est l'organe de *l'ouïe* et nous sert à entendre.

La langue et le palais sont les organes du *goût*, et nous servent à goûter ce que nous mangeons.

Le nez est l'organe de *l'odorat*, et nous sert à sentir.

Les mains sont les organes du *toucher* et nous servent à sentir ce que nous touchons.

Le temps est divisé en siècles, années, mois, semaines, jours, heures, minutes et secondes.

Il y a cent années dans un siècle.

Une année est l'espace de douze mois : Janvier, — Février, — Mars, — Avril, — Mai, — Juin, — Juillet, — Août, — Septembre, — Octobre, — Novembre, — Décembre.

Un mois est composé de trente jours.

Il y a quatre semaines dans un mois et cinquante-deux dans une année.

Il y a sept jours dans une semaine: Lundi, — Mardi, — Mercredi, — Jeudi, — Vendredi, — Samedi, — Dimanche.

Il y a vingt-quatre heures dans la journée, soixante minutes dans une heure, et soixante secondes dans une minute.

L'année se divise en quatre saisons :

Le Printemps, — l'Eté, — l'Automne, — l'Hiver.

Elle commence en janvier, qui est le mois où les enfants sages recevront des joujoux et des étrennes.

Le *Printemps* commence le 21 du mois de mars et finit le vingt et unième jour du mois de juin. — C'est la saison où tout dans la nature renaît à la vie.

L'*Été* commence le 21 juin et finit le 21 septembre. — C'est la saison où tous les fruits mûrissent et où l'on coupe le blé pour faire le pain.

L'*Automne* commence le 21 sptembre et finit le 21 décembre. — C'est la saison où les feuilles tombent des arbres, où l'on cueille les raisins pour faire du vin.

L'*Hiver*, qui succède à l'automne, commence le 21 décembre et finit le 21 mars. — C'est la saison où la terre se repose, où le froid fait mourir tous les insectes nuisibles ; mais c'est aussi la saison où les malheureux ont le plus à souffrir, et où nous devons faire notre possible pour les soulager.

3100-81. — CORBEIL, TYP. ET STÉR. CRÉTÉ

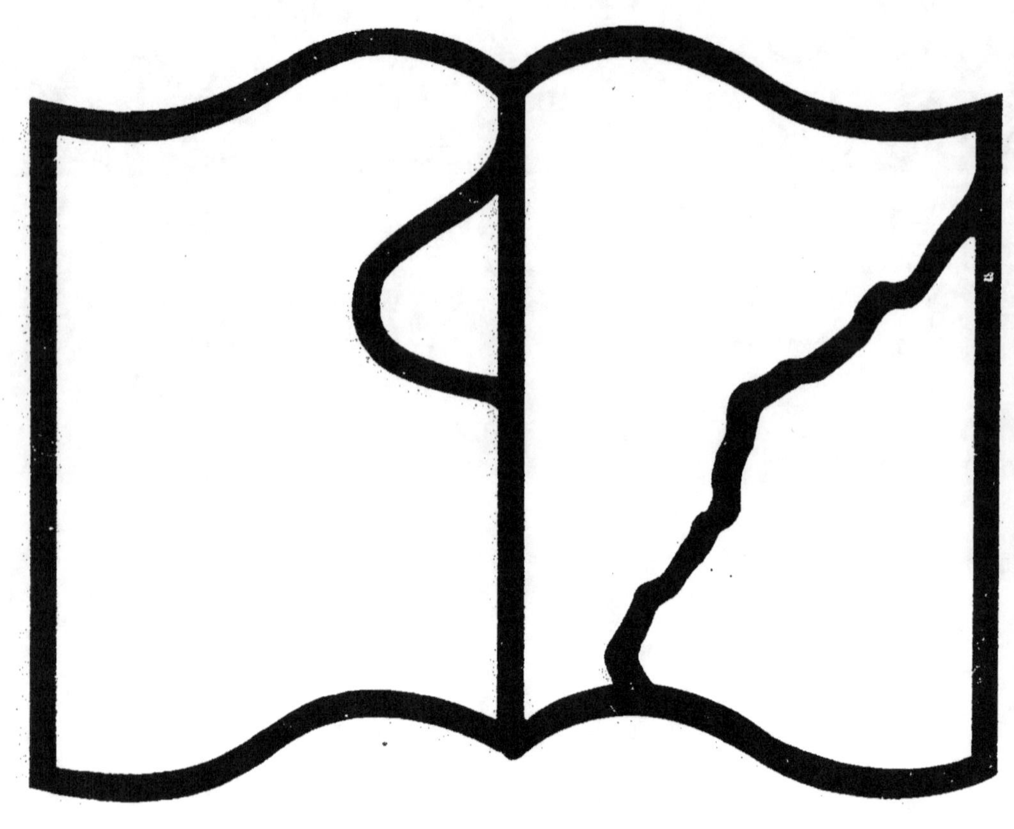

Texte détérioré — reliure défectueuse

NF Z 43-120-11

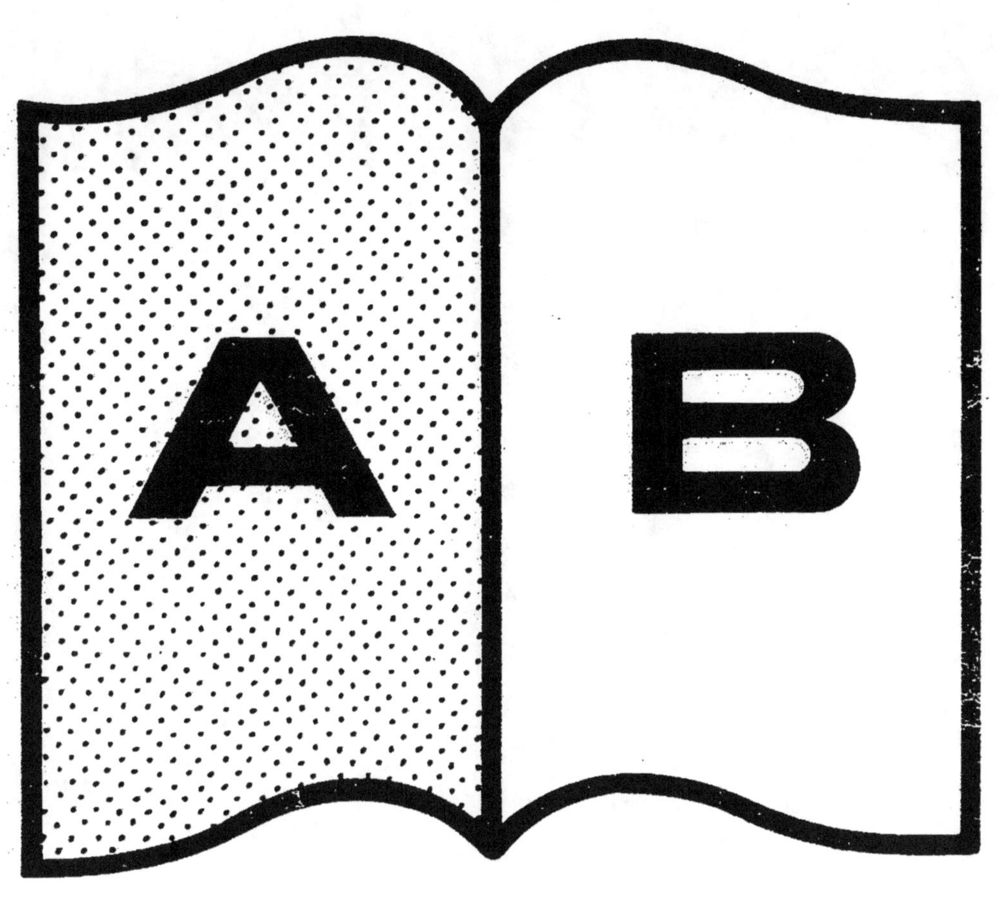

Contraste insuffisant

NF Z 43-120-14